AF563752

7)

MA CATILINAIRE

OU

SUITE DE MON RAPPORT

Du 16 Nivôse, sur les Papiers trouvés chez ROBESPIERRE *et autres Conspirateurs.*

Par E. B. COURTOIS, *Député du Département de l'Aube.*

Distribué par ordre de la Convention nationale.

A PARIS,

Chez DESENNE, Imprimeur - Libraire, Maison Égalité, nos. 1 et 2.

L'an 3e. de l'ère française.

AVIS DE L'AUTEUR.

J'ANNONÇAI, le 17 Germinal, à la tribune de la Convention, qu'au moment où sa justice frappait de la déportation les quatre tyrans Billaud, Collot, Barère et Vadier, je me disposais de mon côté, ce Discours à la main, à répondre aux astucieux sophismes dont les anciens membres des comités de gouvernement avaient hérissé leur misérable défense. Je n'ai pas la vanité de croire que cette Production, destinée à faire pâlir le crime, soit digne de son titre; mais je prie seulement les bons citoyens qui me liront, de la regarder plutôt comme un de ces jets énergiques qu'une sainte indignation nous inspire, que comme un Ouvrage châtié. Je serai trop payé de mon travail, s'il fait germer dans l'ame des gouvernans cette maxime salutaire de Sénèque, *Que les mauvais exemples retombent ordinairement sur ceux qui les donnent.*

MA CATILINAIRE

OU

SUITE DE MON RAPPORT

Du 16 Nivôse, sur les Papiers trouvés chez ROBESPIERRE *et autres Conspirateurs.*

J'AI lu la défense des Prévenus, citoyens; et je ne ferai pas de longs discours pour y répondre. Comme il n'est point d'objets hideux qui n'ait son côté qu'on ne puisse envisager, il n'est point de crime qui n'ait son prétexte; point de scélérat qui n'ait son excuse. *Sylla* envoie, en masse, à la mort ses concitoyens; c'est pour sauver sa patrie d'un déchirement: *Catilina*, qui la déchire, n'a voulu que la délivrer de la tyrannie d'un sénat. Quel est, depuis l'origine des sociétés, l'assassin dont la loi eût fait justice, si la loi, pour le frapper, eût attendu qu'il se déclarât criminel? ou, quel est l'homme qui sût ourdir la trame d'une tyrannie de deux années, et qui manquera de subtilités pour prouver qu'il ne fut point un tyran ? L'attaquerez-vous en face ? Vous serez circonvenus par *ses bons amis*, qui, pour vous détourner de leur complice, vous occuperont d'eux ou de vous. Ces mêmes hommes, jadis impitoyables devant le juste ; qui repoussèrent la plainte et la défense de l'innocent, vous accuseront d'injustice, de cruauté même, dès que vous refuserez d'entendre l'apologie des coupables. Du reste, ils vous prouveront que tant de sang n'a été versé que pour le salut de la patrie ; que tout ce qui fut fait, en un mot, fut fait pour le mieux : semblables à ce prétendu devin, qui précipita dans un fleuve un jeune enfant, parce que son art lui fit voir dans la ligne courbe de sa main gauche, que cet enfant pourrait un jour noyer son père.

Voudrez-vous, pour mieux juger, régulariser votre marche ? Impossible. Vous serez arrêtés à chaque pas, ou entraînés dans des chemins qui vous écarteront de votre but. Le monstre de la chicane compliquera le fait le plus simple ; il vous égarera dans les tortuosités de son antre, où des conspirations contre l'Etat ne seront plus que des querelles de palais.

Si vous attaquez le fond, on se sauvera par la forme ; si c'est l'extrémité des moyens que vous condamnez, on aura pour soi l'extrémité des circonstances ; si ce sont des discours ; quelle injustice ! on se couvrira du bouclier de la liberté des opinions ; des actions, on citera des correspondances philantropiques, que, par modestie sans doute, l'on se gardera bien de vous lire : en vain observerez-vous que les discours ne sont que les principes des actions, et les actions, que la pratique des discours.

En vain opposerez-vous, aux prévenus des ordres, des écrits, des mandats signés de leurs mains. Ces ordres, ces écrits, ces mandats ne sont-ils signés que d'un seul ? ils n'ont de valeur qu'autant qu'ils seraient revêtus de signatures collectives. Vous ne pouvez, en conscience, les attaquer sur des signatures isolées. Les prévenus ont-ils signé collectivement ? Leurs signatures alors sont pour la forme, et vous ne pouvez, sans injustice, les isoler, et séparer la cause de l'un qui se rattache à celle de ses autres co-signataires.

Il est bon d'opposer ici quelques raisonnemens aux sophismes des prévenus, non pour eux, car ils ne sont pas les dupes de leur propre tactique, et ils savent bien qu'ils ne se défendent qu'on rompant; mais pour ceux que ces sophismes auraient pu séduire.

Les prévenus appellent *signatures en second* le cachet qu'ils imprimaient aux arrêts de mort. Leurs signatures n'étaient (disent-ils) que de confiance. Ainsi, c'était de confiance qu'ils livraient l'innocent aux bourreaux, ou que, l'abandonnant aux hasards d'une traversée orageuse, quand il échappait aux soupapes de leurs nombreux *Anicets*, ils le vomissaient sur quelque plage aride et déserte, où l'infortuné devenait la proie de la faim ou de quelque bête féroce, moins cruelle encore que ses bourreaux!

Ainsi ils signaient des listes de déportation, sans avoir parcouru les noms qui formaient ces listes! Le ministère de ces puissances aveugles était de condamner, jamais d'absoudre. Mais pourquoi ces hommes, si rigoureux envers *Chaudot*, cet infortuné *signataire en second* de l'infortuné *Brichard ; Chaudot*, cette victime dont le civisme vous fut attesté par plus de vingt mille citoyens : pourquoi, dis-je, ces mêmes hommes sont-ils devenus si indulgens envers eux-mêmes ? Leur signature étoit pour la forme ? Où est la loi qui n'exige qu'une seule signature ; car c'est n'en exiger qu'une que de réduire toutes les autres à la valeur de celles connues sous le nom de *signatures en second* ; et, à cet égard, *Collot* signant seul le mandat d'arrêt de la femme *Lambert*, est incontestablement coupable, puisqu'ayant signé seul, il n'a point signé *en second* : mais n'en est-il pas encore de même des autres et de lui-même dans les arrêtés et mandats approuvés *collectivement* ? Oui sans doute ; car tous, hors un seul, signant *en second*, cet UN qui a signé *en chef*, devient bien réellement responsable de ce qu'il a fait ratifier aux autres ; et les autres, à leur tour, à moins que, durant l'oligarchie des décemvirs, UN SEUL se fût chargé de tout, eût fait tout, ce qui n'est point ; et auquel cas encore, tous les autres seraient coupables d'inaction.

Mais observons-le bien : non-seulement aucune de nos lois n'établit ces signatures de forme, à l'ombre desquelles les prévenus se retranchent comme derrière un rampart ; au contraire, et de peur que des arrêtés de gouvernans ne portassent le caractère des passions individuelles et les signes de l'arbitraire, ces mêmes lois, citoyens, ont voulu que ces arrêtés fussent revêtus d'un nombre donné de signatures : et certes, le plus impertinent des sophistes ne me prouvera jamais que vous avez décrété *pour la forme* des signatures, sur lesquelles reposait la garantie de la liberté individuelle, l'existence des citoyens, et le salut de la patrie. Est-ce impudence de la part des prévenus et de leurs adjoints? est-ce oubli de vos lois, quand ils viennent vous parler de ces signatures *pour la forme?* Quant à moi, je vois ici un délit; je vois une désobéissance à vos décrets, qui seule motiverait l'accusation. En ordonnant qu'un arrêté n'aurait force de loi, qu'autant qu'il serait revêtu de tel nombre de signatures, vous avez voulu qu'une question, avant d'être rédigée en arrêté, fût discutée et approfondie par tous les signataires; non que tous les signataires, hors UN, fissent en signant, comme on l'ose dire, un acte purement mécanique. Sans cela, de quelle utilité serait donc l'approbation de tous ces hommes qui eussent eu le privilége d'exercer une puissance, sans encourir les dangers de la responsabilité? et d'échelons en échelons, s'il était possible que la Convention eût rendu ce monstrueux décret, ce décret qui eût permis à cinq membres, sur six, de ne signer que *pour la forme*, je lui prouverais qu'elle aurait, sans le vouloir, rétabli la royauté, puisqu'un peuple entier obéirait de fait à la volonté d'un seul homme, présumée celle de plusieurs, à l'aide d'une vaine formalité.

Et que m'importe que, de ces raisonnemens, l'on déduise la conséquence de la solidarité des autres membres ? Que m'importe que des *Carnot*, des *Lindet*, et jusqu'à des *Amar*, targués d'une générosité postiche, d'un dévouement étudié, viennent poser leurs têtes entre la hache des lois et les têtes des trois assassins ? qu'ils invoquent la justice, bien moins pour qu'on la leur rende, que pour semer les troubles, que pour se donner le temps de préparer et de mûrir les insurrections ? Que m'importe que, sans vouloir mourir, ils vous demandent la mort ? On n'est pas dupe de ce manége : ce n'est pas pour la recevoir qu'ils la demandent ; c'est pour vous empêcher de la donner. Mais il n'est question, dans cette cause, que des maîtres en égaremens, non de leurs valets. Ceux-ci ont beau s'agiter, au lieu de la mort, ils n'obtiendront de nous que le mépris. Qu'ils attendent, je ne dirai pas tranquillement, mais patiemment la justice du peuple ; elle viendra pour eux un jour. Jusques-là, qu'ils ayent la discrétion d'entendre, dans le silence, juger leurs chefs ; qu'ils soient sur-tout assez généreux pour ne pas insulter à leurs victimes, pour ne pas nous dedemander compte à nous-mêmes de notre sang qu'ils ont versé. Les impudens ! ils osent nous traiter de lâches ! L'honnête homme est outragé par le brigand qui le dépouille ! Peu s'en faut que les assassins n'aillent déterrer les morts, pour leur faire un crime de s'être laissé égorger.

Traîtres, qui n'ayant pu nous associer à vos forfaits, voudriez bien par l'effroi nous associer à votre dégradation, le temps de la peur est passé pour ceux dont les mains n'ont point été teintes de sang. L'innocent, aux jours de la justice, doit enfin avoir sa revanche. Non, nous ne nous ferons pas (comme vous le dites) notre procès, en prononçant contre des coupables. Nous ne pourrions nous-mêmes nous condamner qu'en les sauvant. Mais d'où vient en notre faveur ce cri si nouveau de vos entrailles, vous dont les mains ont dressé l'échafaud de nos amis ? Que vous êtes bien venus aujourd'hui à trembler pour nous ! Que cette sollicitude, que ce tendre effroi est sincère ! qu'il est fâcheux que ce soit un sentiment de personnalité qui vous l'inspire ! Vous ne disiez pas que nous nous faisions notre procès à nous-mêmes, quand vos sicaires et vous, vous nous forciez, le glaive en main, à ratifier l'arrêt de mort des innocens. Pourquoi ?.... c'est que l'existence des innocens vous gênait ; qu'elle était un reproche vivant de vos crimes ; c'est que vous ne respirez qu'autant qu'il respire des coupables autour de vous ; c'est que leur existence est la garantie de la vôtre, et qu'il faut que leurs crimes restent impunis, pour que vos crimes le soient toujours. Sans cela vous laisseriez-vous saisir ainsi par les frissons de la crainte ? Nous voyez-vous trembler, nous ? La plus grande preuve que nous n'avons point partagé vos crimes (quoique vous voudriez bien qu'on le crût) c'est que nous ne partageons pas vos frayeurs en ce moment.

Je le déclare, quant à moi je crois entrevoir l'issue de ce procès : le sang des bourreaux se confondra dans la terre avec celui des victimes ; mais s'il était possible que la Convention se déclarât, par sa molesse, le complice des assassins; qu'elle appelât sur sa tête le mépris et l'indignation de nos descendans, qu'elle pardonnât à ceux qui ont poignardé la patrie, je le déclare, Citoyens, on ne me reprochera point à moi une parricide indulgence, et je lave mes mains d'avance du salut des criminels.

J'en reviens aux prévenus : écoutons-les. Écoutons *Barère* : il n'a point, vous dit-il, opprimé la Convention ; et cependant il était un des plus impertinens flagorneurs des tyrans qui l'opprimaient, et cependant la surveille même de la chûte de *Robespierre*, il caressait, il épaulait le despotisme de ce traître ! *C'était pour le mieux tromper*, assure-t-il ! A quelle fin ? *Pour empêcher un nouveau 31 mai* ? Qu'elle pitoyable excuse ? Eh quoi, vous comité de gouvernement qui teniez dans votre main toutes les forces de la République, qui n'aviez besoin que d'un trait de plume pour neutraliser les projets de trois coquins qui conspiraient sous vos yeux ; puissans par le secours de la Convention, et soutenus du bras du peuple, vous doutiez de vos forces pour refréner les ambitieux ; et vous cherchiez le salut de la République dans une flagornerie ! Non, *Barère*, (c'est à des législateurs que vous répondez) ;

non, ce ne fut point par feinte que vous vous fîtes, pour la millième fois, le louangeur de *Robespierre*. Il suffit, pour s'en convaincre, de les relire vos éloges. Tous portent le caractère d'un respect presque filial pour ce traître. Vos entrailles y frémissent à l'aspect d'un poignard dont on menace, à une distance de cent lieues, l'effigie de votre idole. Votre cœur saigne à l'avance du coup qu'on ne lui porte pas ; et par ce tableau tracé avec complaisance des périls que court un seul homme, vous effrayez l'imagination du peuple tremblant pour ses jours ; vous attisez, vous enflammez son amour pour le *représentant fidèle*. . . . . : et c'est là ce que vous appelez *préparer sa chûte* ! c'est pour inspirer enfin aux Français l'horreur d'un tyran, que, par l'encens que vous brûlez devant ce tyran, vous les disposiez à l'idolâtrie ! Ah ! *Barère*, l'adresse peut tout colorer sans doute, elle peut tout atténuer ; mais son prisme faux n'a jamais séduit de bons yeux.

C'était, s'il faut vous en croire, *pour empêcher un 31 mai* ! Non, vous n'avez pu si soudainement craindre la répétition d'une journée qui, dans presque tous vos rapports, trouve

en vous un apologiste. Vous revenez aujourd'hui; aujourd'hui, vous voudriez qu'on vous crût le défenseur de ceux que vous-mêmes avez proscrits; mais vous devriez, ou n'avoir plus de mémoire, ou faire que vos collègues en eussent moins; vous qui, la veille encore de la chûte de Robespierre, insultiez lâchement et sans nécessité, aux ombres plaintives et sanglantes des députés égorgés. Vous *respectiez l'intégralité de la représentation nationale*! Vous, Barère, qui, froidement atroce, vous écriâtes à la tribune, avant l'holocauste *des 22 :*
» les aristocrates, les fédéralistes demandent du
» sang ; eh bien on leur donnera le sang de Brissot
» et de ses complices. »

Eh! voilà votre humanité à vous tous, qui aujourd'hui devenus tout-à-coup si tendres à l'aiguillon de l'intérêt personnel, trouvez étrange que le sang innocent demande vengeance. Et rappelez vous avec l'amertume du reproche, cette maxime par vous, nuit et jour foulée aux pieds, « que tout accusé est inno-
« cent présumé jusqu'au jugement.

Ainsi, Barère qui veut qu'on le croie aujourd'hui l'ami des représentans désignés sous le nom de *fédéralistes*, s'est donc constitué, après

après *le 31 mai*, l'assassin de ses propres amis ? Pourquoi, lorsqu'on fut cruel, ne pas se contenter de l'avoir été, et vouloir après être lâche ?

Que m'importe, qu'importe à la France, que *Barère* ait été une fois généreux envers notre collègue *Delville* ?

Les tyrans ont toujours quelqu'ombre de vertu.

C'est à Delville à s'acquitter envers *Barère*, à nous à payer la dette des générations égorgées. On se vante de n'avoir pas versé le sang d'un seul individu, quand il s'agit de se laver de celui d'un peuple entier dont on est teint ! De n'avoir pas trahi un secret, quand on a trahi la patrie ! Eh ! les *Néron*, les *Domitien*, les *Nabis*, les monstres les plus farouches n'eurent-ils pas quelquefois leurs heures de bonté ? Le crime a ses momens de relâchement et de tiédeur. Le méchant se lasse de l'être, lorsque sa fibre s'amollit ; et l'histoire est pleine de ces actes de générosité des tyrans qui n'en sont pas moins dans l'histoire, l'opprobre et l'horreur du monde. Que je les plains tous ces indigens en vertus, réduits à se reployer sur leur vie entière, à en fouiller les secrets les plus obscurs, pour venir après vous étaler avec tout le fracas du faste décemviral, leurs deux ou trois traits d'humanité, quand il n'est presque point un de leurs pensers qui ne rappelle un forfait ; à citer dans leur dictature, le phénomène d'un homme conservé, quand il faudroit évoquer les morts par milliers pour nombrer toutes leurs victimes !

Vous ne fûtes point les oppresseurs de la Convention. Et que fûtes-vous donc le jour où des conspirateurs vinrent, en votre nom, décimer ses membres ; le jour où, lâchement insolens, vous ordonnâtes aux représentans de décréter qu'ils n'entendraient pas vos victimes? *C'est Robespierre*, direz-vous encore (car si les absens ont tort, on sait que les morts ont tort d'avantage). Dis, *Billaud*, est-ce *Robespierre* seul qui ne voulut point que *d'Églantines* fût entendu? Est-ce *Robespierre* qui, du ton d'un maître orgueilleux, osa proférer ces paroles; » *malheur à ceux qui se seront assis auprès de cet* homme? » Est-ce encore *Robespierre seul*, dis, *Barère*, qui ne voulut point qu'on entendît *Danton*, *Camille* et *Phelippeaux*? La peur et l'audace, tour-à-tour, vous prêtèrent des forces pour faire rentrer l'effroi dans l'ame des députés courageux qui criaient à l'oppression. Est-ce en soutenant de votre voix meurtrière, de votre silence homicide, le traître qui nous menaçait du même sort, que vous prouvâtes que nous n'étions pas opprimés? Et cependant, quels étaient les crimes de ces athlètes révolutionnaires, par vous moralement bâillonnés avant de descendre dans la tombe? Ah! vous fûtes prudens sans doute; la tribune d'où vous lanciez vos arrêts de mort, fût devenue, s'ils eussent parlé, le marche-pied de votre échafaud. Tout l'édifice de votre puissance, cimentée par le sang, allait s'écrouler à leurs voix; et bientôt l'on vous eût cherché vous-mêmes sous des décombres. Mais, dites, apprenez-nous enfin les crimes de ces fameux conjurés, accusés par vous, tantôt d'être les partisans de d'*Orléans*, et tantôt ceux de *Capet*; accusés par vous hier, d'être les *Monck* de l'ôtage qu'on garde au Temple, aujourd'hui ceux des enfans d'*Égalité*? Déroule-nous, toi *Barère*, *cette liasse de procédures*; étale-nous *cette masse énorme de preuves*, *de déclarations qui s'amoncelaient*, disais-tu, dans ton comité, contre ces grands conspirateurs. Misérables, à quels autres qu'à vos complices ferez-vous croire ces rêves de conspirations ? Eh bien ! je vous somme ici de nous préciser les crimes de nos amis égorgés. Je vous en porte, à la face de la France entière, en présence du peuple qui m'entend, le défi le plus solemnel. Je vous en porte un autre défi, c'est d'accepter le gant que je vous jette. Retracez-nous les crimes des 22. Avaient-ils aussi soulevé les départemens, ceux-là que vous teniez enchaînés depuis le 31 mai ? Dites, dites, où sont les crimes des *Camille* ? Apprends-nous-les, *Barère*, toi qui l'as assassiné en commentant ses suspects ? Où sont ceux de Phelippeaux, que par un machiavélisme digne de vous, tigres que vous êtes, vous avez associé au supplice des traîtres qu'il démasquait ? Je ne parle point de *Danton* : il eut des torts à se reprocher, peut-être ; mais vous lui avez cherché des crimes, pour l'empêcher d'effacer ses torts. Il commit un crime pourtant, que je dois révéler ici, crime que *Billaud*, comme *Danton* le disait lui-même, ne pouvait pas lui pardonner : il fut le bienfaiteur de *Billaud*, Citoyens ; il le nourrit en quelque sorte ; il le porte aux places....... Ombre de *Danton*, frémis !...... c'est à toi que nous devons d'avoir siégé trop long-temps à côté d'un monstre ! *Danton* fut le bienfaiteur de *Billaud*, et Billaud acquitte sa dette en l'assassinant ! c'est peu : ils outragent encore *Danton*, dans ce qu'il y a de plus respectable ! Leurs mains impies se promettent bien en y fouillant, d'empoisonner la pureté de sa vie domestique, ils insultent, les lâches, à la chûte d'un *géant*, qui seroit debout encore, s'il avait moins dédaigné leur existence *pigméenne*. Ils veulent prouver que celui qu'ils ont pris à l'improviste, qu'ils ont attaqué par derrière, qu'il ont tué en traîtres, ne fut ni bon père, ni bon époux, ni bon parent, ni bon ami .... Faut-il s'en étonner ? Ils avaient bien voulu prouver qu'il était mauvais citoyen !

Les voilà donc ces rigides sectateurs du dogme de l'intégralité de la représentation nationale ! Assis sur leurs chaises curules, ces *Appius* nous décimaient comme un vil troupeau, et peu s'en faut qu'ils n'exigent encore de nous des actions de grâces pour le prix d'un reste de sang qui n'a été conservé que parce qu'ils n'ont pu tout boire ! Français, faites fumer l'encens aux pieds de ces *Dieux protecteurs !* ...

O Patrie, après t'avoir insultée, ils t'avilissent ! Abreuvés de ton sang, nourris de ta chair, ils s'osent dire tes sauveurs ! ils ont dilacéré avec le fer, avec la flamme, ils ont brûlé tes entrailles, ils ont desséché tes mamelles qui nourrissaient tes nombreux enfans; les enfans et la mère, tout est devenu leur proie !.......; et ils demandent leurs crimes!

Villes par eux saccagées, plaines par eux rendues stériles, ne pleurez plus l'honneur de vos murailles cachées sous l'herbe, ni les trésors de vos moissons : ils prouveront que c'est pour le plus grand bien de la France qu'ils ont stérilisé son sol; qu'ils ont nivellé la chaumière et le palais !

Veuves, c'est pour sauver la République qu'ils ont massacré dans tes bras, ton paisible époux ! Ils ont immolé ton vieux père, jeune guerrier; ils ont ravi ton héritage pour te payer le sang que tu verses pour ton pays !

Mânes innombrables d'un peuple égorgé, en vain briserez-vous vos tombes, pour apparaître devant vos bourreaux; en vain les traîneriez-vous sur les nombreuses places où votre sang a coulé; sur la pierre même qui l'a reçu, cette pierre que les torrens de l'eau du ciel n'ont pu décolorer encore, cette pierre qui, sous les feux de l'astre du jour, exhale encore la vapeur du sang du juste. Non, montrez-leur vos trônes étendus dans la manne de la mort, vos têtes bondissantes sous la hache, ils vous demanderont des preuves !

Promenez-les du nord au midi, du couchant à l'aurore ; parcourez avec eux cette France naguères si riante, couverte de cendres et de deuil aujourd'hui ; ce sol par eux semé d'ossemens et de ruines : ils vous demanderont des preuves !

Le feu dévore et les villes et les hameaux ; les fleuves charrient des cadavres : ce sont eux qui gouvernent......., et ils demandent leurs crimes !

Tout ce qui a titre de négociant est égorgé ; les manufactures sont incendiées ou détruites ; l'ouvrier, ainsi que la timide abeille après la destruction de la ruche, cherche son salut dans sa fuite ; on a tué le commerce : ce sont eux qui gouvernent....., et ils demandent leurs crimes !

Les laboureurs sont traînés à l'échafaud ; leurs moissons foulées, ravagées sous les pieds impurs des bandes révolutionnaires ; l'agriculture est presque un crime ; l'agriculteur un criminel ; la famine est organisée : ce sont eux qui gouvernent ; . . . . . et ils demandent leurs crimes !

L'un, furieux comme la Pythie sur le trépié, veut que la terre déchire ses entrailles pour engloutir des milliers de détenus. Ecoutez-le : ce n'est de sa part *qu'une métaphore échappée dans un accès de fièvre patriotique.....* Eh ! les victimes multipliées sont les éclats de la foudre ; des générations encombrées dans les entrailles de la terre ; d'autres précipitées dans les flots du Rhône ; ces jeunes épouses attachées à l'instrument du supplice, comme autrefois les enfans de l'infortuné *Darmagnac* à l'échafaud de leur père, et comme eux, arrosés d'un sang innocent ; les murs croulant sous l'effort des catapultes révolutionnaires ; l'incendie des monumens des arts et du génie, que le temps, moins destructeur que ces barbares, avait respectés..... sont-ce aussi là des métaphores ?

Les innocens, dans les villes, sont, ainsi que des béliers, traînés, par centaines, au supplice : est-ce que cela les regarde ? Il faut s'en prendre au tribunal : sa mission est d'égorger ; la leur est de gouverner : et l'on sait bien qu'ils ne gouvernent que pour présider, non pour s'opposer aux égorgemens. Mais peuvent-ils oublier qu'ils ont fait cent fois l'éloge de ce tribunal assassin, si *habile à déblayer* (disoient-ils); de ce tribunal auquel ils promettaient *une place dans l'histoire* ? Ils ne se trompaient pas, les infames: il l'aura sans doute cette place.... à côté des panégyristes.

Malheureux, vous appellerez tout cela des déclamations peut-être. Ah! sans doute, c'est déclamer que de vous reprocher vos forfaits! Vous ne déclamiez pas, vous, vous assassiniez; et vous ne preniez pas non plus le soin de reprocher leurs crimes à ceux auxquels vous n'aviez à reprocher que leur innocence.

Insensés, qui vous débattez en vain dans les étreintes de la mort; qui croyez que le sang fumera sur la terre, sans que sa vapeur vous étouffe: la perversité s'abreuve de ses propres poisons, et vous avez depuis long-temps (si je puis m'exprimer ainsi) ruminé les vôtres. Reconnaissez enfin cette justice, que vous avez tant outragée: elle est là; elle vous assiége; elle vous blesse déjà, comme le coursier, de son aiguillon terrible. En vain croyez-vous échapper;... des générations entières amoncelées dans la mort, ont dévoué vos têtes criminelles aux dieux infernaux..., Regardez-vous, si vous pouvez ; ... regardez ce teint, naguère rouge de sang, aujourd'hui couvert de la lividité du cadavre que le ver va dévorer. Vous sentez la mort ; mais elle sera affreuse, cette mort, autant que votre vie fut criminelle. Vous ne mourrez point comme *Sidney ;* vous ne serez rapprochés de ce héros que par la ressemblance du supplice. Il fut immortalisé par ses vertus, vous l'êtes, vous, par vos crimes ; et vos noms odieux et vils, en horreur à tout l'avenir, effaceront dans l'histoire les noms des plus exécrables, des plus hypocrites tyrans qui ont désolé le monde. Assassins, voilà ce qui vous attend ; ... voilà mes adieux.

De l'Imprimerie de DESENNE, rue des Moulins, près la rue des Petits-Champs, No. 546.

www.ingramcontent.com/pod-product-compliance
Lightning Source LLC
LaVergne TN
LVHW020309230826
846091LV00006B/2599

9782013270533